Darling 1944

Jacques Nicolle

Darling 1944

Copyright © 2022, Jacques Nicolle
Mise en forme : Christelle Desbordes, biographe
(EI. SIREN 902 765 320. Tél. 06 75 84 73 38.
www.christelledesbordes.com).
Reproduction interdite.

Le Code de la propriété intellectuelle interdit les copies ou reproductions destinées à une utilisation collective. Toute représentation ou reproduction intégrale ou partielle faite par quelque procédé que ce soit, sans le consentement de l'auteur ou de ses ayant cause, est illicite et constitue une contrefaçon, aux termes des articles L.335-2 et suivants du Code de la propriété intellectuelle.

Édition : BoD – Books on Demand, info@bod.fr
Impression : BoD – Books on Demand, In de Tarpen 42,
Norderstedt (Allemagne)
Impression à la demande
ISBN : 978-2-3224-2436-8
Dépôt légal : Juin 2022

À Suzanne

Ma petite maman chérie, qui traversa ces années terribles avec courage et dignité. Honneur à elle, aujourd'hui disparue, qui, si elle ne fut pas soldat, sera pour moi, et à tout jamais, une héroïne de l'ombre.

Un grand merci à Sylvie et Claude, qui furent les premiers
à lire le manuscrit original et qui, par leurs commentaires,
m'encouragèrent à mener ce projet à son terme.

Introduction

Le début de cette période, inexistant ou un peu flou dans mon esprit, Suzanne me l'a raconté beaucoup plus tard avec la précision qui sied à l'ouvrière d'imprimerie qu'elle avait été durant les années qui précédèrent l'entrée de la France dans cette effroyable guerre.

Ils étaient heureux. Papa peignait les premières automobiles et vernissait les carrioles qui peuplaient les routes dans les années trente. Marcel était un artiste du pinceau. Son art, ce n'étaient pas les tableaux mais les numéros exécutés à main levée sur les plaques de police et aussi les « filets », ces traits rectilignes qui suivaient la courbure du support. Son coup de pinceau était sûr, net et précis. Parfois, il n'était pas satisfait du résultat. Alors il effaçait son œuvre d'un coup de chiffon imprégné de diluant et recommençait jusqu'à ce que le résultat le satisfasse.

Cette période, que je n'ai pas connue, fut sans doute la plus heureuse de leur vie. Je suis né au milieu de ce bonheur, Darling à mes côtés. Elle ne me quittait jamais depuis qu'elle avait traversé la mer de Jersey à Carteret sur le bateau qui faisait la liaison entre le continent et les îles anglo-normandes. Maria, ma grand-mère, me l'avait ramenée de l'île anglaise, où elle avait travaillé. Elle était heureuse de m'avoir offert ce cadeau qui fit mon bonheur de petit garçon.

Darling et Jacques : les jours heureux.

L'occupation

Du haut de mes six ans, je regardais le va-et-vient des motos et des camions chargés de soldats allemands avec bien peu d'intérêt. J'étais heureux auprès de ma maman et de grand-mère, que j'appelais affectueusement Mémère. Et puis j'avais Darling, que je serrais dans mes bras quand j'avais un peu peur. Les bombes commençaient à tomber en ce mois de mai 44. Ceux que Suzanne appelait les alliés bombardaient la gare distante d'un kilomètre à vol d'oiseau de notre maison. Ils entreprenaient un travail de sape, coupant les communications. Ils préparaient minutieusement ce qui, un mois plus tard, allait devenir le jour le plus long.

Avec Paulette, ma petite voisine, nous jouions, insouciants du danger. Notre maison bordait le jardin public de ce village du centre manche : la Haye-du-Puits comptait environ 1 500 habitants. Le bourg grouillait le mercredi, jour de marché. De tout le canton arrivaient marchands et camelots. Et puis il y avait au milieu de la grand place le tout à cent francs. Elle était jolie la petite vendeuse du bazar. Je m'y attardais souvent, faisant semblant d'être intéressé. Il y avait aussi le champ de foire, au pied du donjon. Le marché aux bestiaux s'étalait, bruyant et coloré. Le marchandage allait bon train et les liasses de billets changeaient de poche au gré des accords.

Le donjon, dont nous reparlerons plus tard, était l'un des derniers vestiges du château érigé sur une butte féodale du XIe siècle par le baron Turstin Haldup, seigneur de la Haye-du-Puits. Il avait résisté à tant de guerres au cours des siècles passés, et il résisterait encore aux assauts des alliés qui allaient bientôt déferler, venant de Sainte-Mère-Église, à une vingtaine de kilomètres de là.

La délation

Ma petite maman essayait tant bien que mal de nous donner, à Mémère et à moi, un semblant de vie normale, malgré la peur qui nous envahissait tous les trois à chaque raid des alliés. Papa, que je n'avais pas eu le temps de connaître, fut fait prisonnier en 1939 et envoyé en Allemagne. Nous n'avions aucune nouvelle de lui. Y avait-il des voitures à peindre là-bas, des carrioles à vernir ?

Alors Suzanne ouvrait l'atelier de temps en temps pour aérer. Atelier désert : pas une voiture, pas une carriole. Seuls restaient quelques pots de peinture et trois bonbonnes qui trônaient fièrement dans un coin. Trois bonbonnes qui ont attiré l'attention de passants curieux et manifestement bavards.

Un jour, une grosse voiture noire s'arrêta devant la maison. En descendirent deux « cirés noirs », aussi sombres que leur voiture, et un officier allemand. Maman et Mémère tremblaient de peur et, moi, je serrais Darling dans mes bras. L'officier leur intima l'ordre d'ouvrir l'atelier. À peine ma petite maman avait-elle ouvert que l'officier, comme s'il connaissait les lieux, se précipita vers les trois bonbonnes. Il saisit vigoureusement le bouchon de la première et mit son nez sur l'orifice. Surprise, surprise… : ce n'était pas du calvados mais de l'alcali, produit corrosif volatile composé d'ammoniac, très dangereux pour les poumons. Une dizaine d'années plus tard, je m'en rendrais compte : en décapant le vernis des carrioles, je mettrais ma tête de côté pour ne pas pleurer.

Mais revenons à notre officier : après avoir goulûment aspiré ce qu'il croyait être du calva, il fit un bond en arrière et s'écroula les bras en croix, inanimé. Les deux « cirés noirs » se précipitèrent à son secours. Devant la gravité de la situation, ils le ramenèrent immédiatement à la voiture et démarrèrent en trombe.

Maman chérie venait sans le vouloir de faire son premier acte de résistance. C'est ce jour-là que la décision fut prise de quitter la Haye-du-Puits pour aller se réfugier à Coticotte, lieu-dit situé près de Saint-Symphorien-le-Valois. Ma grand-mère y avait sa maison, qu'elle n'habitait presque plus depuis la mort de grand-père, décédé deux ans avant ma naissance. Au départ de papa, elle vint habiter avec nous. Elle ne voulait pas laisser sa petite Suzanne seule avec moi. Et puis elle m'adorait et je le lui rendais bien. Elle m'apprenait à tricoter, on jouait aux petits chevaux. Elle disait que je trichais quand je gagnais. C'était même pas vrai ! Suzanne annonça le soir même qu'ici nous n'étions plus en sécurité et que nous partirions dès le lendemain matin. Et puis l'épisode des bonbonnes l'inquiétait. Et si les auteurs de cette délation étaient capables d'autres méfaits ?

Quelques années plus tard, les bigotes, à l'instar de ces êtres nuisibles, tenteraient de me priver de l'honneur suprême, pour un enfant du catéchisme, d'être désigné comme quêteur le jour de la communion solennelle. C'était la tradition. Les deux premières filles et les deux premiers garçons devaient faire la quête le jour de cette cérémonie. L'une des deux filles s'appelait Chantal, elle était ma préférée. Comme moi, elle occupait la seconde place. Mais une levée de bouclier des bigotes allait mettre le feu aux poudres dans ce microcosme de la bonne société haytillonne. Ces cinq vieilles filles étaient sans doute aigries de n'avoir point trouvé de mari. Trois étaient institutrices à l'école libre et les deux autres tenaient une mercerie bonneterie dans le bas du bourg. Dans leurs grandes robes noires, aussi noires que les cirés de la Gestapo, sans armes, leur pouvoir de nuisance était malgré tout réel. Elles possédaient leur siège réservé à l'église, au premier rang, comme les notables du pays dont le nom figurait sur chaque dossier. Elles se croyaient de fait les gardiennes de l'honneur de la société bien-pensante.

C'est là que ma situation fut évoquée : jamais un enfant de l'école publique, que d'aucuns appelaient encore l'école du diable, n'avait figuré aux premières places du catéchisme ! Elles devaient d'urgence demander audience à monsieur le curé doyen afin de lui faire part de leur courroux. Devant cette inconcevable situation, il fallait agir. Le curé doyen fit appeler l'abbé garçon, un petit bonhomme affligé d'une bosse disgracieuse, mais qui était d'une grande bonté. Après avoir écouté poliment les récriminations des bigotes, il s'adressa à son supérieur :

— Monsieur le curé, ces quatre enfants méritent amplement la place qu'ils ont acquise par leur travail. Je maintiens donc ma décision : ils feront la quête tous les quatre, à moins que vous, monsieur le curé, n'ayez une autre position sur le sujet.

Monsieur le curé se trouva bien ennuyé, mais il ne pouvait décemment donner raison aux bigotes, qu'il renvoya poliment à leur ouvrage. Ce jour-là, monsieur l'abbé fut consacré à nos yeux comme héros communal ! Il nous transmettait avec bonhomie une bonne éducation. Au patronage, il nous apprenait à jouer au ping-pong. Il était, malgré son handicap, d'une adresse diabolique. Son coup droit était dévastateur et son smash de revers ne nous laissait aucune chance de victoire. Les promenades qu'il organisait pour tous les enfants du patronage prenaient souvent la direction de l'abbaye de Blanchelande, avec son étang et son petit bois. Lieu paradisiaque où nous faisions des jeux de piste : les foulards rouges contre les foulards jaunes, souvenirs qui resteront à tout jamais gravés dans ma mémoire.

Coticotte

Très tôt le matin, nous prîmes la direction de Coticotte avec une brouette et quelques valises : un kilomètre sur la route de Cherbourg et deux kilomètres sur la petite route tortueuse qui menait à la maison de grand-mère. Nous fîmes quelques haltes pour que maman, qui menait la brouette, puisse se reposer.
— Maman, maman, j'ai oublié Darling ! me suis-je soudain exclamé.
— Ce n'est pas grave mon chéri, on reviendra demain chercher des affaires, répondit Suzanne.
Pauvre Darling, nous l'avions laissée seule. Le lendemain, elle allait périr lors

d'un ultime bombardement de la gare. Une bombe allait s'écraser sur notre maison et l'ensevelir à tout jamais. J'ai tant pleuré de n'avoir pu la sauver. Comment avais-je pu l'oublier ?

— Je t'en achèterai un autre, dit doucement ma petite maman, qui me voyait si malheureux.

Après tout, ce n'était qu'un petit chien en peluche. Oui, mais c'était Darling, et je l'aimais. Elle était un peu anglaise et symbolisait le lien qui m'unissait à Mémère.

Nous vivions dans la maison de grand-mère avec le strict minimum puisque le second voyage pour récupérer des affaires n'eut jamais lieu. Maman aussi pleurait tout ce qu'elle avait laissé et qui était englouti à jamais !

— Cela ne finira donc jamais ! sanglotait Suzanne.

La maison de Mémère avait une grande salle au rez-de-chaussée avec une cheminée et une fenêtre sur l'avant qui nous permettait de voir qui arrivait par la route. À l'étage, se trouvaient deux chambres spacieuses. Un cellier où trônait un gros tonneau de cidre était accolé à la grande salle. Et puis il y avait la « cabane du bout », que l'on nommait ainsi puisqu'elle était au bout. Sorte de remise en tôle pour les outils de jardin.

Dans la cour, le lavoir faisait une magnifique aire de jeux où je faillis un jour mourir noyé en voulant pêcher des têtards avec une boîte de conserve. Je glissai sur la margelle et mon cousin Charles, compagnon de jeu ce jour-là, me sauva la vie en me tirant par les cheveux. Ce qui me fit hurler de douleur, attirant maman et Mémère hors de la maison. J'en fus quitte pour un bain dans la lessiveuse pleine d'eau bien chaude près de la cheminée. Charles fut fêté en héros du jour ! La semaine précédente, j'avais échappé à la bombe, là à la noyade. Y aurait-il une troisième fois ?

Je n'avais plus Paulette ni Darling, mais je fis la connaissance de Colette et de Monique, mes deux nouvelles voisines. Je crois que j'étais un peu amoureux de Monique, qui avait mon âge alors que sa sœur Colette était une vieille de neuf ans. Elle me fit oublier Darling. Les avions passaient toujours au-dessus de nos têtes, nous les comptions et ils ne nous faisaient plus peur. La gare était loin d'au moins trois kilomètres. Et quand, malgré tout, les explosions étaient trop fortes, nous allions nous réfugier dans la cabane du bout. Protection bien illusoire car elle était bien plus fragile que la maison, mais elle était plus accessible aussi.

Toujours plus loin, il fallait aller toujours plus loin : c'est sans doute ce qui fit tenir maman et grand-mère. Tenir à tout prix et espérer des jours meilleurs. Nous verrions plus tard que nous n'en avions pas fini d'aller plus loin. Nous étions au pied du mont de Doville, petite colline située au sud-ouest de La Haye, le mont d'Étenclin se situant, lui, au nord-est. Les Allemands y avaient dissimulé une batterie anti-aérienne et un canon que l'on nommait la grosse Bertha et qui tenait en respect La Haye et ses environs. La vie continuait malgré le vacarme de ses tirs sporadiques.

Je ne sus jamais pourquoi on l'avait affublé de ce nom ridicule. Les escadrilles alliées se faisaient de plus en plus nombreuses en cette fin du mois de mai. Monique et moi étions le plus souvent possible ensemble et, de notre poste d'observation, au fond du jardin, nous comptions et recomptions les avions. Nous n'étions pas toujours d'accord sur les chiffres, mais cela faisait beaucoup. Ceux-là passaient très haut dans le ciel, hors d'atteinte de la DCA.

— Ils vont sûrement bombarder l'Allemagne, disait Suzanne. Et Marcel qui est là-bas… Pourvu qu'il ne soit pas dessous !

Avec maman, il nous arrivait d'aller au bourg. C'était toute une expédition. Cinq kilomètres : mes petites jambes avaient bien du mal à avaler le bitume, mais je tenais la main de ma maman chérie et je n'avais pas peur. Nous cheminions sur la route nationale, entre les décombres des maisons éventrées et quelques carcasses de voitures renversées qui n'avaient pas pu éviter une bombe tombée à proximité.

Entre les raids des avions alliés, le bourg, ou ce qu'il en restait, retrouvait son calme.

Un jour, sur la grand place, un officier allemand s'approcha de nous. Il salua maman avec sa raideur toute militaire et maman, soudain, se mit à penser :
— Et si c'était l'officier des bonbonnes ? Mais non, ce n'est pas possible, il doit être mort à l'heure qu'il est.
— Madame, dit-il dans un français curieux à l'accent guttural. Je vous prendre votre petit garçon pour donner gâteau à lui. Moi aussi j'ai petite garçon en Allemagne, avec six années aujourd'hui.

Et maman comprit qu'il avait laissé un petit garçon comme moi en Allemagne. Par ce geste d'humanité, il allait en quelque sorte fêter son anniversaire. Maman, toute tremblante, le laissa m'emmener vers la pâtisserie où je choisis un éclair au chocolat que j'avalai goulûment. Il disait des mots et faisait des gestes que je ne comprenais pas. En me voyant engloutir de grosses bouchées au risque de m'étouffer, il voulait sans doute me dire :

— Doucement, doucement !

En reprenant ma main pour rejoindre maman, restée pétrifiée sur le trottoir, je me rendis compte que ce n'était pas la main froide d'un guerrier sanguinaire mais la main chaude et protectrice du papa qu'il était outre-Rhin. Il nous salua avec un sourire puis s'éloigna. Il avait oublié pour un instant la guerre. Lui avais-je dit merci ? Je ne sais plus, mais je crois que son geste l'a rendu heureux, ne serait-ce qu'un tout petit moment où il était redevenu un être humain capable d'aimer. Tous n'étaient pas à l'image du fou mégalomane qui allait les conduire au désastre un mois plus tard. J'apprendrais, bien des années après cette effroyable guerre, que se battre ne sert à rien. Il y a toujours deux perdants : celui qui est battu et celui qui a gagné et que l'on punit après pour s'être battu.

Nous revenions souvent du bourg chargés de provisions, mais il y avait toujours une carriole pour nous ramener chez Mémère, un fermier qui passait par là.

C'était une sorte de taxi de l'époque, et en plus c'était gratuit !

— Maria, criait-il du haut de son siège. Je t'ai ramené ta p'tite et son p'tiot. Hue !

Et le cheval reprenait sa route paisiblement, nullement effrayé par les bruits qui couraient en ce début du mois de juin.

— Il va y avoir quelque chose, disaient les plus avertis.

Mais le cheval, lui, n'en avait cure. Parfois même, le fermier, qui avait trop bu, s'endormait sur son siège, et le cheval, en bon serviteur, rentrait à la ferme sans avoir besoin qu'on le guide. C'est sans doute là que j'ai commencé à aimer les chevaux. Ils sont nos amis, nous portent, nous emmènent, nous amusent quand ils sont de bois. Ils tiraient les charrues avant que le tracteur et la voiture ne pointent le bout de leur capot. Aujourd'hui, ils sont remplacés par l'automobile mais restent malgré tout bien présents puisqu'ils sont devenus chevaux fiscaux.

Les obus de la batterie du mont de Doville continuaient de siffler au-dessus de nos têtes quand Suzanne prit une nouvelle décision :

— Maman, il faut partir ! Un jour, on va prendre un obus sur la maison.

La fuite en avant

Ma petite maman devait être un peu voyante car jusqu'ici elle avait vu juste. Alors nous sommes repartis plus loin encore, chez les Leriche, de braves gens amis de grand-mère. Le bruit du canon était plus fort mais nous n'étions plus dans sa ligne de tir.

Un matin pluvieux, comme il en existe souvent en Normandie, une voix retentit :

— Maria, Maria, viens voir ! Ta maison n'a plus d'étage !

Un obus l'avait traversée. Suzanne, une fois de plus, nous avait sauvé la vie. Ma petite maman, comme je l'aimais ! Mais, si elle avait eu raison pour l'obus, elle s'était quand même trompée sur un point : la batterie étant proche, les alliés décidèrent de la faire taire. La mort continuait de nous poursuivre inlassablement. Une nuit, une bombe tomba au fond du jardin des Leriche. La déflagration fut si forte que la maison, elle aussi, trembla. Un pain de six livres, dans la huche située juste au-dessus de mon lit, tomba. Le rebord du lit amortit sa chute et j'en fut quitte pour une grosse bosse à la tête. Maman se précipita vers mon lit, réveillée par mes hurlements. Un gant d'eau fraîche et ses bras protecteurs me calmèrent. Pour une fois encore, je venais d'échapper à la mort.

Suzanne décida de reprendre la fuite en avant. Les alliés reviendraient pour réduire au silence cette batterie. Il fallait donc s'éloigner au plus vite.
— Allons chez les Lambert, annonça grand-mère.

Après avoir rassemblé nos affaires et remercié nos hôtes, nous reprîmes la route. Trois kilomètres plus loin, nous étions devant la ferme des Lambert. C'était une grande ferme constituée de bâtiments qui entouraient une cour carrée, une écurie, une étable et un cellier contenant plusieurs tonneaux. Dans le poulailler grouillaient les oies, les poules, les canards et un jars qui jargonnait dès que l'on s'approchait un peu trop. Il me faisait peur. J'avais l'impression qu'il aurait pu me tuer d'un seul coup de son bec puissant.

La dernière étape

La ferme était belle et propre, avec son petit bois qui jouxtait un chemin de pierre. Cela aurait pu faire l'objet d'une jolie carte postale si l'on avait fait abstraction de ce qui allait s'y dérouler quelques jours plus tard. Ma grand-mère, maman et moi y fûmes accueillis avec beaucoup de gentillesse par madame Lambert, qui avait déjà d'autres invités. Elle nous dit être désolée de ne pouvoir nous offrir mieux que l'étable. Nous pûmes nous installer entre les vaches. La paille grattait un peu mais nous avions chaud. Parfois, un obus tombait à proximité. Alors, maman se mettait en colère quand, au petit matin, j'allais en ramasser les éclats.

— C'est pour montrer à papa quand il reviendra, lui annonçais-je fièrement.

Lui qui avait été fait prisonnier dès le début de la guerre n'avait peut-être jamais vu tomber ni bombe ni obus.

Et puis, ce fut le grand jour qui commença. La nuit précédente, à cause du grondement des avions et des fusées éclairantes qui illuminaient le ciel, nous ne pûmes dormir. La nouvelle parcourut la campagne.
— Il paraît que c'est le débarquement ! annonça monsieur Lambert.

Depuis quelques jours déjà, la rumeur se propageait dans les environs. Nous l'entendions sans trop y croire. L'aube pointait et le ciel n'était plus le ciel : des avions et encore des avions d'un horizon à l'autre. Il devint évident pour nous tous qu'il se passait quelque chose mais nous ne savions pas qu'à une trentaine de kilomètres des hommes mouraient sur les plages que l'on nommerait plus tard Utah, Omaha, Gold, Juno, Sword.

Et puis, tout alla très vite. Dès le lendemain, le passage des camions et des motos pétaradantes s'intensifia. Les Allemands semblaient inquiets, affolés même. Soudain, le petit bois se mit à grouiller de soldats qui paraissaient aller dans tous les sens. L'ombre du soir qui envahissait la campagne se confondait avec la lumière des tirs de fusées et des rafales d'armes automatiques. Ils étaient là, tout proches, se battant de bosquet en bosquet, d'arbre en arbre. Des cris que l'on ne comprenait pas, des hurlements rendaient cette tombée de la nuit lugubre.

Soudain, une porte s'ouvrit. Nous étions tous dans la grande salle, silencieux et tremblants. Un Américain, qui me sembla immense, demanda un verre de lait. Il saignait mais repartit au combat, refusant d'être soigné. Ce héros inconnu était là pour nous sauver, nous libérer de l'oppresseur, et nous n'eûmes même pas le temps de lui dire merci.

Le combat dura un jour entier et nous n'osions pas bouger. Maman me serrait dans ses bras et je n'avais pas peur. Puis, soudain, le silence. Les tirs avaient cessé, un silence oppressant envahit la campagne. Encore un jour et nous nous hasardâmes à sortir. Un Allemand était mort sur le trottoir de la ferme, les mouches s'attardaient sur son corps. Les combats continuaient plus loin, vers La Haye-du-Puits, qui ne fut libérée qu'au début du mois de juillet. Le soulagement était général. Les fermiers vaquaient à leurs occupations et nous regagnâmes la maison de grand-mère qui, si elle avait perdu la tête, conservait son âme.

Sur le chemin de la maison, un camion nous doubla. Il venait d'évacuer le mort, un malheureux qui avait suivi ce fou sanguinaire qui conduisait l'Allemagne sur le chemin du chaos. L'humanité ne devrait-elle pas être sans frontière puisque nous sommes des êtres de la terre ?

La maison scalpée : quand un obus traversa le premier étage. Jacques Nicolle, accompagné de sa mère, de retour dans la maison de sa grand-mère.

La vie d'après

Arrivés en vue de la maison, nous vîmes le trou béant dans le mur arrière de la bâtisse, comme si la fenêtre avait été agrandie. Quelques décombres dans la cour vite évacués et nous pûmes reprendre possession de la grande salle qui n'avait pas subi de dégâts.

— Nous allons nous débrouiller, disait Suzanne.

La cheminée nous réchauffait et grand-mère fit bouillir une grande casserole de haricots... encore des haricots ! Heureusement, nous avions rapporté des œufs de la ferme et un petit poulet. Et puis madame Giard, la voisine, avait soigné les lapins de grand-mère pendant notre absence.

Je revis Monique, qui était toujours aussi jolie. Nous ne pouvions plus compter les avions, ils étaient trop nombreux et parfois se cachaient entre les nuages. Monique était vraiment ravissante dans sa petite robe bleue, mais je lui préférais les soldats américains, qui m'approvisionnaient en chewing-gums et chocolats. Ils étaient implantés dans les prairies qui entouraient la maison de grand-mère. Ils n'avaient pas encore libéré La Haye-du-Puits et la tension chez les soldats était palpable.

Le bruit des combats, même s'il s'éloignait, nous parvenait encore.
— Il ne va rien rester du bourg, disait maman.

Et une fois de plus, elle avait raison. Seule au milieu de cet effroyable carnage se dressait l'église, qui avait perdu l'un de ses deux clochers mais qui montrait fièrement celui qu'il lui restait comme pour dire au donjon, debout depuis des siècles :
— Tu vois, moi aussi je résiste !
Cette image me reste, à l'automne de ma vie. On ne peut jamais tout détruire, il reste toujours un embryon de vie, source d'espoir pour les générations futures.

Le petit Jacques chez les Ricains

Quand, au début du mois de juillet, La Haye, martyrisée, fut enfin libérée, un calme relatif s'installa autour de la maison sans tête. Un pasteur américain arrêtait toujours sa Jeep près de chez nous. Je l'observai plusieurs jours durant et, quand je fus sûr de mon coup, je me glissai sur le siège conducteur et allongeai bien ma jambe gauche pour atteindre le démarreur situé à gauche de la pédale d'embrayage. La voiture, restée en prise, effectua une succession de bonds en avant à chaque sollicitation du démarreur. J'avais six ans et je conduisais une voiture pour la première fois ! Conduire est peut-être un terme exagéré mais j'étais content de moi. J'avais osé !

Ma satisfaction fut de courte durée : le pasteur, attiré par le bruit, bondit hors de sa tente en vociférant. Des cris que je ne comprenais pas me firent fuir pour aller me cacher dans la cabane du bout. Elle nous avait protégés au plus fort des bombardements, elle pouvait bien me protéger des hurlements d'un pasteur ! Le silence revenu, je m'aventurai dehors et c'est grand-mère qui me sermonna. Ayant travaillé à Jersey, elle baragouinait l'anglais, comprenant un peu le pasteur qui était venu se plaindre auprès d'elle. Je venais de permettre à Mémère d'étaler son savoir, ce qui me fut fort utile quelque temps plus tard.

À compter de ce jour, je n'allais plus rôder autour de la Jeep. Mes pas me conduisaient plus volontiers vers la grande tente d'où émanaient des effluves de cuisine plutôt agréables. Ma constance à tourner autour de la tente fut bientôt récompensée. Un grand Noir surgit soudain devant moi, me prit la main et me fit asseoir à la table, qui était immense. Je me retrouvai au milieu de ses camarades riant de voir ce petit Français tout tremblant d'être parmi ces guerriers qui venaient de tuer les Allemands dans le petit bois. Je ne reconnus pas parmi eux le soldat au verre de lait et je ne savais pas comment le leur dire. Je leur fis quand même comprendre qu'il fallait que je prévienne grand-mère qu'elle pouvait garder ses haricots !

— Mémère, Mémère, les Américains veulent que je mange avec eux !

Et je courus le plus vite possible reprendre ma place à table. J'étais assis près d'un gradé, peut-être le chef du commando. Il avait beaucoup de galons et cela m'impressionna autant que la stature du grand Noir installé à ma droite. Les réjouissances pouvaient commencer : du rôti de veau et de la purée. Le veau était bien de chez nous et la purée aussi, avec de la sauce. Un vrai régal ! Je n'avais jusqu'ici connu que la guerre, sevré du biberon très tôt. Suzanne l'avait cassé et n'avait pu alors le remplacer. Je crois bien que j'ai pris part ce jour-là au premier festin de ma vie !

J'avalai goulûment ma première assiette. Elle était toute propre quand je la tendis pour un second service, sous les rires de mes nouveaux amis. Même le pasteur n'était plus en colère. Après quelques bouchées de cette seconde assiette, j'étais repu. C'est alors que le grand Noir se déplia, fit semblant d'armer son fusil mitrailleur et me le colla dans le dos. Ce fut comme un électrochoc ! Je repris ma fourchette et terminai mon assiette. Je la rendis si propre qu'elle n'avait plus besoin d'être lavée !

C'est ce jour-là que je devins leur ami. À six ans, j'étais le camarade des sauveurs de la France ! Je suis ensuite rentré dans la salle où maman et grand-mère tricotaient. J'étais fier de ma nouvelle condition et heureux d'avoir évité les sempiternels haricots. Je me demandais si, un jour, je pourrais consommer tout le stock de chewing-gums que je possédais désormais, bien rangé dans un carton. Les chocolats, eux, étaient prêts pour les négociations futures avec les garçons des environs. Chewing-gums et chocolats contre bandes dessinées : les pauvres n'avaient rien de mieux à m'offrir. Je copiais les maquignons, faisant semblant de marchander. Je sortais doucement de la petite enfance. J'avais presque oublié Darling.

Mes journées étaient bien remplies, le bruit des combats s'éloignait. Les alliés, après des jours sur place, avançaient très vite maintenant. Un matin, mes nouveaux amis avaient disparu. J'étais triste, leur présence était rassurante. Nous ne risquions plus rien, nous étions libérés de l'oppresseur. Une école allait bientôt ouvrir dans une maison bourgeoise située près de la gare. Elle avait miraculeusement été épargnée alors que la pauvre gare n'était plus qu'un tas de cailloux. Ma véritable école, qui était à six kilomètres, était en ruine. Alors, cinq kilomètres pour aller à l'école à pied, je n'avais pas à me plaindre.

Les Américains avaient conservé une base arrière vers Doville et les GMC passaient devant la maison chaque jour pour aller se ravitailler. Grand-mère, experte en anglais, m'apprit alors une phrase magique que je devais répéter au chauffeur qui s'arrêtait dans le carrefour :
— You take me to school ?

Le chauffeur éclata de rire en entendant cette phrase approximative, dite avec l'accent de Normandie. Il me fit monter avec lui sur ses genoux et je tenais le volant. Je confirmai ce jour-là mon statut d'ami des Américains auprès des autres garçons de l'école.

Mademoiselle Pinel était une gentille maîtresse. Je trouvais le moyen de me faire bien voir. Quand j'avais fini un problème le premier, je me précipitais vers son bureau :
— Mademoiselle, j'ai fini, vous pouvez m'en donner un autre ?

Ce qui me valait des qualificatifs peu agréables de la part des mes camarades. Cela avait un rapport avec les maudits haricots de Mémère…

Chaque jour qui passait voyait se jouer le même rituel. Seul le chauffeur changeait. Ils s'étaient donné le mot et je n'avais plus rien à demander. Mon nouveau statut d'ami indéfectible des Américains se sut dans le bourg, m'amenant de nouveaux clients pour mon stock de chewing-gums, qui diminuait à vue d'œil. Le réapprovisionnement, lui, se faisait plus rare.

Nous quittâmes bientôt Coticotte pour revenir à La Haye, où maman loua une petite maison qui appartenait au forgeron. Elle se situait dans notre quartier, rue du Château, au pied du donjon. La fuite en avant venait de prendre fin. Septembre se terminait, mes six ans étaient révolus. J'avais acquis une certaine notoriété dans le pays. Outre le fait d'être l'ami des « Ricains », j'étais le petit-fils de la dame à la maison scalpée et le fils de la dame qui avait éliminé un officier de la Wehrmacht.

Le donjon

Je me fis deux bons copains, des grands de huit ans. Roger, mon voisin le plus proche, et Michel, le fils d'un architecte. Nous décidâmes d'un commun accord de fixer notre quartier général dans le donjon. Il nous appartenait puisqu'il dominait de ses vingt mètres notre quartier. Il était situé au sommet de la motte féodale qui, elle, s'élevait à six ou sept mètres de haut.

De son sommet en terrasse, on pouvait apercevoir la mer avec ses plages de Surville, Glatigny et Denneville. Par beau temps, on distinguait même Jersey. Les anciens n'avaient pas besoin de Météo France puisqu'ils annonçaient de manière péremptoire :

— Bienche me, ner jery, d'iai à piens pounios ».

Ce qui voulait dire en bon patois de la Manche :

— Blanche mer, noir Jersey, de l'eau à pleins paniers.

QG post-débarquement de Jacques Nicolle et de ses amis : Michel à sa droite et Roger à sa gauche.

    Mon stock de chewing-gums ne pouvant plus être approvisionné, il me fallait trouver une autre source de revenu. Et c'est notre repaire qui allait me la fournir. Le donjon et son mur d'enceinte étaient le royaume des escargots. Nous les vendions chez le chiffonnier, qui nous les payait trois fois rien et les revendait à prix d'or aux notables du pays. Je gagnais ainsi mon argent de poche, ce qui soulageait maman tant son budget était serré.

Et puis, chez le chiffonnier, il y avait Raymonde, une vieille d'au moins dix-sept ans, avec qui j'eus plus tard une aventure aussi brève qu'intense. À mes seize ans, je venais d'intégrer la troupe théâtrale où elle jouait les soubrettes. Onze ans nous séparaient. Papa en sourit malicieusement, maman s'offusqua gentiment, et les vieilles bigotes de la paroisse me baptisèrent alors le voyou du donjon.

Un jour, pour la troisième fois, je crus mourir. Je profitais de l'absence momentanée de maman, partie chez la voisine, pour me servir un peu de cidre. J'avais très soif. Je pris la bouteille qui était au pied de la cheminée et j'en avalai un demi-verre cul-sec. C'était du pétrole ! La lampe à pétrole qui était sur la cheminée avait toujours sa bouteille tout près, au cas où. Que faisait donc le pétrole au pied de la cheminée ? Maman alla chercher le docteur Saur, immense bonhomme à la voix de stentor, qui déclara :

— Ce n'est pas trop grave, cela va graisser la tuyauterie. Il en sera quitte pour une bonne crise de foie !

Pendant huit jours, je rotai les œufs pourris. Ce fut une véritable punition, ma punition !

Quelque temps plus tard, une autre mésaventure m'arriva. J'étais chargé de surveiller le lait et d'ôter la casserole avant qu'il ne déborde. Tout à coup, la poignée tourna et le lait bouillant tomba sur mon pied. J'hurlais de douleur quand maman constata les dégâts. Heureusement que maître Colas, l'huissier de justice, n'était pas loin ! Maman alla le chercher. Je vis arriver ce petit homme frêle, insignifiant à côté de la stature imposante du docteur Saur. Il n'était rien, que pouvait-il faire ? Alors il saisit mon pied, souffla, souffla, souffla encore pendant dix minutes peut-être, je ne sais plus. J'éprouvais à chaque souffle un bien-être indéfinissable. Soudain, il s'arrêta.

— Je crois qu'il n'aura plus mal, déclara-t-il.

Je souris à maman. Comment un si petit homme pouvait-il posséder tant de pouvoir ? Par la suite, à chaque fois que je le croisais, je le gratifiais d'un grand bonjour de reconnaissance.

Nous reprîmes nos explorations dans le donjon, allant de découvertes en découvertes. Ce bon donjon nous réserva une énorme surprise : un petit trou dans la dalle du premier étage qui nous permettait d'échapper à nos poursuivants, et éventuellement de les narguer une fois qu'ils avaient atteint le sommet, tout étonnés de n'avoir rencontré personne dans l'escalier. Nous venions de faire une découverte importante qui aurait pu éviter la prison à Roger et Michel s'ils l'avaient su plus tôt.

En effet, huit jours auparavant, nous nous étions donné rendez-vous sur le mur du père Canu. Roger, bricoleur de génie, avait imaginé et fabriqué un fusil lance-douille suivant le principe de la fronde. Une planchette d'un mètre environ creusée en forme de gouttière, deux points à l'extrémité retenant les deux élastiques qui se réunissaient vers l'arrière, accrochés à un petit morceau de cuir. Une petite goupille de bois retenait les élastiques tendus ainsi que la douille dans la gouttière. Une fois la goupille retirée, qui faisait office de gâchette, la douille était propulsée à une dizaine de mètres. Et les douilles vides, ce n'était pas ce qui nous manquait ! Notre réserve de munitions était inépuisable. Elle ne nous servit pourtant qu'une seule journée.

Le drame se déroula en début d'après-midi, vers quatorze heures. Roger avait annoncé la veille :

— Je suis prêt, mon arme fonctionne ! On se mettra sur le mur du père Canu, face au donjon, et la première voiture qui passe, on lui tire dessus.

L'ordre était donné et nous ne pouvions plus reculer. Après tout, nous aussi nous étions en guerre ! Guerre contre les intrus qui s'approchaient dangereusement du donjon, de notre donjon. Nous ne pouvions permettre que notre quartier

général fût attaqué. Le rendez-vous fut fixé. L'heure arrivant, je terminai rapidement mon repas et annonçai à Suzanne :
— Maman, je vais jouer avec Roger et Michel.
— Oh, mon petit Jacques, si tu étais gentil, tu irais me casser du bois. Je n'en ai presque plus.

Et, comme j'étais gentil et que je ne pouvais rien refuser à ma petite maman, je m'exécutai, laissant mes deux compères sur le mur du père Canu. Ce jour-là encore ma maman chérie m'avait sauvé ! Cette fois, c'était de la prison.

Roger et Michel attendirent qu'une voiture passe sur la route. Il y en avait peu à cette époque. Enfin, le bruit annonciateur de l'approche de leur première victime leur parvint. C'était une traction. Roger visa soigneusement et « pan » dans la portière avant. Le conducteur stoppa sa voiture dans un crissement de pneus et courut après mes deux lascars, qui foncèrent dans le donjon, où l'escalier était alors une voie sans issue. Une fois maîtrisés par l'automobiliste, ils furent emmenés à la gendarmerie, où le brigadier les enferma dans une cellule qui n'avait pas vu de prisonnier depuis bien longtemps. Les parents furent prévenus. Maman, en me demandant de lui casser du bois, m'avait une fois de plus sauvé. Et, cette fois-ci, de la pire des humiliations : la prison ! Au bout de deux heures, ils furent libérés mais n'échappèrent pas à une bonne volée. Leurs pères n'étaient pas du genre à plaisanter.

Les jours qui suivirent, il nous fallut réfléchir à une autre façon d'occuper notre temps. Les deux heures de prison avaient refroidi les ardeurs guerrières de Roger et Michel. Ils avaient dû faire la promesse de ne plus jamais ressortir le fusil à douille. Chasser les escargots et jeter des cailloux de la terrasse ne nous occupaient pas toute la journée quand nous n'avions pas école. Roger et Michel décidèrent alors d'une réunion au sommet afin de définir un plan d'action. La butte et le donjon formaient un vaste domaine qu'il convenait d'explorer.

Donjon de
La Haye-du-Puits

Nous décidâmes dès le lendemain d'entreprendre des recherches. Des rumeurs couraient dans le bourg : un tunnel partant du donjon déboucherait dans la vieille chapelle du mont de Doville, permettant ainsi aux habitants du château assiégé d'échapper à leurs assaillants. La rumeur était évidemment fausse puisque la chapelle ne fut construite que trois siècles après le château. Et puis, un tunnel de six kilomètres de long avec les moyens de l'époque, nous ne pouvions y croire.

La bombarde

Pour nous qui avions reçu cette rumeur comme une évidence, nous pensions que, même si ce tunnel n'allait pas jusqu'au mont de Doville, il devait quand même exister. Alors, c'était décidé ! Roger annonça que les fouilles commenceraient dès le lendemain, après l'école, et dans le plus grand secret bien entendu. Il n'était pas question que des étrangers, fussent-ils de La Haye, soient au courant de notre projet. Nous jurâmes tous les trois de n'en souffler mot à personne. Je brûlais d'envie d'en parler à ma petite maman, mais j'avais juré. Alors, pelles et pioches furent réquisitionnées chez Roger et chez Michel, en l'absence de leurs pères. Moi, je n'en avais toujours pas de père, mais des bruits nous parvenaient : son retour était imminent. J'allais donc bientôt rencontrer cet homme que je ne connaissais pas et que j'allais appeler papa.

Au cours des jours suivants, nous nous mîmes à creuser avec frénésie. Un soir, peu avant l'heure du dîner, la pioche de Michel rencontra un objet métallique, ce qui nous stoppa net. Et si c'était une mine ? Les Allemands en avaient posé un peu partout. Cela nous effraya et la décision fut prise de continuer à la main. Le travail fut pénible dans cette terre tassée depuis des siècles. Nos ongles s'usaient, parfois même on saignait, mais il nous fallait absolument dégager cette masse sombre. Les pierres, ruines de l'ancien château aujourd'hui disparu, composaient l'essentiel du sous-sol. Le soir, exténués, nous rentrions, mettant notre saleté sur le compte de la recherche des escargots. Le lendemain, nous reprenions notre travail. Pas question de faiblir ! Notre mission était d'importance.

Enfin, l'ensemble de la pièce nous apparut : une sorte de tube d'un mètre de long environ avec une poignée, comme s'il devait être porté, ce qui nous paraissait impossible. Michel, qui le premier avait fait la découverte, annonça de façon péremptoire :
— Je préviens papa !

Il était architecte, le papa de Michel, et ses connaissances étaient grandes. En arrivant sur le chantier, il sembla surpris par cet objet insolite. Après un examen minutieux, il dit sur un ton martial :
— Mes enfants, ce que vous venez de découvrir est une bombarde.

C'était une bouche à feu qui datait du Moyen-Âge et lançait des boulets vers les assaillants. Notre fierté était immense ! Nous venions de faire une découverte majeure pour notre petite bourgade. Le père de Michel annonça :
— Il faut prévenir le maire.

Dès le lendemain, les services municipaux, garde champêtre en tête, vinrent s'emparer de notre trésor, dont nous n'entendîmes plus jamais parler.

Soixante-quinze années plus tard, en évoquant ce moment inoubliable, j'ai le sentiment que nous avons été spoliés. D'autres que nous ont dû s'approprier cette découverte. Les jours suivants, les fouilles cessèrent. Nous n'avions pas trouvé l'entrée du tunnel mais qu'importe, nous étions heureux ! Et puis le regard du père de Michel sur notre trio avait changé : c'était notre fierté.

Épilogue

Cette motte féodale sur laquelle se dressait le donjon était notre terrain de jeu, aujourd'hui interdit. Au nom du sacro-saint principe de précaution. Le lieu est fermé : et si une pierre tombait, et si quelqu'un se blessait en buttant sur une marche ébréchée… Triste France, qu'es-tu devenu, pays de mon enfance ? La guerre, pour nous, était finie et nous jouions en toute insouciance. Nous venions de vivre des choses terribles. Que pouvait-il nous arriver de pire, nous qui avions échappé à tout ? À la délation, aux obus et aux bombes.

Le monde allait changer, la petite histoire se confondant avec la grande. J'avais grandi peut-être trop vite. Je sentais que celui que j'allais appeler papa allait venir prendre ma place auprès de Suzanne.

Elle était tout pour moi. Elle m'avait tant de fois sauvé la vie ! Rien ni personne ne pourrait jamais la remplacer. Une maman est unique.

Il descendit du car venant de Carentan. La ligne de chemin de fer Carentan-Carteret n'avait pas résisté aux bombes alliées. Il me tendit trois petits avions en balsa avec un pistolet pour les lancer. Comme pour se débarrasser de ces trop brèves retrouvailles. M'avait-il embrassé ? Je ne m'en souviens plus. Il se précipita vers sa Suzanne, six longues années de séparation à trente-trois ans. On lui avait volé six de ses plus belles années et je compris que rien ne serait plus comme avant.

Il loua un petit garage sur la route de Carentan. Nous habitions désormais une grande baraque dans laquelle était entreposés des vêtements. On l'appelait le stock américain, que maman distribuait aux nécessiteux du canton. Nous occupions quatre pièces du bâtiment à l'une de ses extrémités.

Chaque samedi, une fois la baraque vidée de ses vêtements, les associations du pays organisaient un bal sous les flonflons de l'orchestre musette de Jean Cauchard, l'imprimeur. Les musiciens jouaient accolés à ma chambre. J'étais ainsi condamné chaque samedi à danser, danser encore, jusqu'à l'écœurement, jusqu'à l'épuisement. Alors, j'allais m'asseoir sur un banc, entre deux vieilles filles qui attendaient un hypothétique cavalier, et je m'endormais jusqu'à ce qu'un coup de cymbale me réveille en sursaut.

J'allais alors me réfugier dans la cuisine, où était tapie Miquette, qui n'en pouvait plus, elle non plus, de ce tapage, ne faisant pas la différence entre une valse et un tango. Après tout, elle n'était qu'une chienne, mais une petite chienne capable d'aimer. Elle me léchait comme pour me montrer son attachement, et peut-être aussi pour me faire oublier celle qui, de l'autre côté de la route, à quelques centaines de mètres, était ensevelie sous un tas de pierres et que j'avais tant aimée... ma Darling.

Table des matières

Introduction — 11

L'occupation — 13

La délation — 14

Coticotte — 20

La fuite en avant — 28

La dernière étape — 30

La vie d'après — 34

Le petit Jacques chez les Ricains — 36

Le donjon — 43

La bombarde — 52

Épilogue — 55